Ноги

Автор Кім Сімончіні

Library For All Ltd.

Ноги

Це видання опубліковано у 2022 році

Опубліковано Library For All Ltd
Електронна пошта: info@libraryforall.org
URL-адреса: libraryforall.org

Ноги
Сімончіні, Кім
ISBN: 978-1-922849-25-0
SKU02878

Ноги

Собаки мають чотири ноги.

Свині мають
чотири ноги.

Жаби мають чотири ноги.

Черепахи мають чотири ноги.

Крокодили мають чотири ноги.

Павуки мають вісім ніг.

Пташки мають
дві ноги.

Мурахи мають шість ніг.

Я маю дві ноги.

У змій нема ніг.

Скористайся цими запитаннями, щоб обговорити книгу з сім'єю, друзями і вчителями.

Чому тебе навчила ця книга?

Опиши цю книгу одним словом. Смішна? Моторошна? Кольорова? Цікава?

Що ти відчуваєш після прочитання цієї книги?

Яка частина цієї книги найбільше тобі сподобалась?

Завантажуй наш додаток для читання
getlibraryforall.org

Про автора

Кім Сімончіні — доцент кафедри ранньої дошкільної та початкової освіти в Університеті Канберри, Австралія. Кім виросла в місті Кернс, штат Квінсленд, та насолоджується роботою в Папуа Новій Гвінеї, бо та нагадує їй про дитинство. Кім обожнює читати і вірить, що всі діти мають право читати значущі з точки зору культури книги.

Тобі сподобалась ця книга?

В нас є ще сотні унікальних оповідань, ретельно відібраних фахівцями.

Щоб забезпечити дітей у всьому світі доступом до радості читання, ми тісно співпрацюємо з авторами, педагогами, консультантами в сфері культури, представниками влади та неурядовими організаціями.

Чи відомо тобі?

Ми досягаємо глобальних результатів у цій царині, дотримуючись Цілей сталого розвитку Організації Об'єднаних Націй.

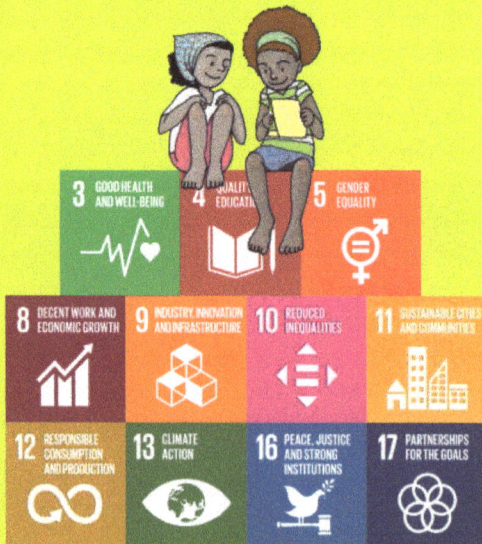